BAUMGARTNER LOEWE

Diese Buchreihe stellt Band für Band die Bauwerke von ausgewählten jüngeren Schweizer Architekturschaffenden vor, deren Arbeiten durch besondere Qualität überzeugen. Seit 2004 kuratieren wir die Reihe *Anthologie* in Form einfacher Werkdokumentationen. Sie ist vergleichbar mit der «Blütenlese», wie sie in der Literatur für eine Textsammlung vorgenommen wird. Es liegt in der Natur des Architektenberufs, dass die Erstlingswerke meist kleinere, übersichtliche Bauaufgaben sind. Sie sind eine Art Fingerübung, mit der junge Architekturschaffende das Erlernte anwenden und ihr architektonisches Sensorium erproben und entfalten können. Begabung und Leidenschaft für das Metier lassen sich dabei früh in voller Deutlichkeit und Frische erkennen. So stecken in jedem der kleinen und grossen Projekte inspirierte Grundgedanken und Vorstellungen, die spielerisch und zugleich perfekt in architektonische Bilder, Formen und Räume umgesetzt werden. Immer wieder wird mir dadurch bewusst, dass in der Architektur wie in anderen Kunstformen die Bilder und Ideen, die hinter einem Werk stehen, das Wesentliche sind. Es mag diese Intuition sein, die Kunstschaffende haben, die über ihr Werk wie ein Funke auf die Betrachtenden überspringt, so wie es der italienische Philosoph Benedetto Croce in seinen Schriften eindringlich beschrieben hat.

Heinz Wirz
Verleger

Each volume in this series presents buildings by selected young Swiss architects whose works impress with exceptional quality. Since 2004, we have been curating the *Anthologie* series by simply documenting their oeuvre. The series can be compared to a literary anthology presenting a collection of selected texts. It is in the nature of the architectural profession that early works are mostly small, limited building tasks. They are a kind of five-finger exercise in which the young architects apply what they have learnt, as well as testing and developing their architectural instincts. Talent and a passion for the profession can be seen at an early stage in all of its clarity and freshness. Each project, be it large or small, contains an inspired underlying concept and ideas that are playfully and consummately implemented as architectural images, forms and spaces. Thus, I am regularly reminded that in architecture, as in other art forms, the essence of a piece of work is formed by the images and ideas upon which it is based. Perhaps this is the same intuition described so vividly by the Italian philosopher Benedetto Croce, one that is absorbed by the artist and flies like a spark via the work to the viewer.

Heinz Wirz
Publisher

BAUMGARTNER LOEWE

QUART

Marcel Bächtiger

DER WERT DES SELBSTVERSTÄNDLICHEN

Marcel Bächtiger

Die Architektur von Baumgartner Loewe Architekten steht in einer Tradition. Damit meine ich weder, dass sie einer bestimmten Schule angehört, noch dass sie sich explizit auf die Geschichte beziehen würde. Einflüsse sind zwar sichtbar, doch ändern sie sich im Lauf der Zeit. Ebenso entdeckt man Verweise auf die Architekturgeschichte, doch sind sie weder analog noch historisierend. Unter Tradition verstehe ich bei den Arbeiten von Marcel Baumgartner und Claudia Loewe vielmehr das Fortschreiben einer schweizerischen Baukultur. Einer Baukultur, die davon ausgeht, dass Architektur etwas mit Bauen zu tun hat.

Was heisst das konkret? Es heisst, dass nicht ein spekulatives Bild die Entwurfsentscheide bestimmt, sondern das Verständnis von Ort und Aufgabe und dessen Übersetzung in eine strukturelle und konstruktive Ordnung. Es heisst, dass der architektonische Ausdruck sich aus dieser Ordnung heraus entwickelt. Und es heisst, dass eine Lösung nur dann eine Lösung ist, wenn sie sowohl die materiellen wie auch die immateriellen Bedürfnisse berücksichtigt und sie in eine stringente Form zu bringen vermag. Daraus resultieren Bauten, die im besten Sinn seriös, das heisst verlässlich und alltagstauglich sind; Bauten, die architektonisch gedacht und gestaltet sind, ohne die Architektur ins Scheinwerferlicht rücken zu müssen. Zum Tragen kommt dieser Zugang nicht zuletzt bei den verschiedenen Erweiterungen und Umbauten, die Baumgartner Loewe in den letzten Jahren realisiert haben: Ein fürs andere Mal gelingt es ihnen, dem Alten etwas Neues hinzuzufügen, das sich nicht in sentimentaler Anbiederung gefällt, sondern Struktur und Wesen des Bestands fortzuschreiben weiss.

Viele dieser Qualitäten mag man als selbstverständlich erachten. Blicken wir auf unsere gebaute Umwelt, stellen wir allerdings fest, dass sie das nicht sind. Viele der Bauten von Baumgartner Loewe mögen fast aufreizend normal wirken. Schauen wir genauer hin, merken wir, dass in dieser Alltäglichkeit ihre ausserordentliche Qualität liegt.

THE VALUE OF THE SELF-EVIDENT

Marcel Bächtiger

The architecture of Baumgartner Loewe Architekten is located in a tradition. That is not to say it belongs to a specific architectural school, or that it explicitly refers to history. Influences are visible, but these change with time. One can also discover references to architectural history, yet they are neither analogous, nor historicising. Instead, with respect to the works of Marcel Baumgartner and Claudia Loewe, the term tradition refers to their continuation of Swiss building culture, one that assumes that architecture has to do with building.

What does that actually mean? It means that instead of a speculative idea, design decisions are determined by an understanding of the location and task as well as its translation into a structural and constructive order. It means that the architectural expression develops out of that order. And it means that a solution is only a solution if it takes both material and immaterial requirements into account and is able to turn them into a stringent form. The resulting buildings are professional in the best sense, namely reliable and compatible with everyday life. They are conceived and designed architecturally, without needing to showcase the architecture itself. This approach particularly comes into effect in the various extensions and renovations carried out by Baumgartner Loewe in recent years. Time and again, they succeed in adding something new to the old, without pandering to sentimentality and instead continuing to develop the existing building's structure and nature.

One might consider many of these qualities to be self-evident. However, looking at our constructed environment, we discover that this does not seem to be the case. Many buildings by Baumgartner Loewe may appear provocatively normal. Yet on closer inspection, we realise that their exceptional quality lies precisely in their compatibility with everyday life.

PRIVATHAUS, NENDELN
Planung und Ausführung 2010–2013, mit Gody Kühnis Architekt

Ausgangslage für das Privathaus bildete ein rautenförmiges Grundstück inmitten eines typischen Einfamilienhausquartiers. Es liegt am flachen Hangfuss des Dreischwesternmassivs mit schönem Blick zum Alpstein auf der gegenüberliegenden Seite des Rheintals. Die Parzelle steht im Spannungsfeld zwischen dem drückenden Berg und der omnipräsenten Nachbarschaft einerseits und der sich talseits, Richtung Nordwesten, öffnenden Weite andererseits.

Nebst der Einhaltung der baurechtlich geschuldeten Grenzabstände sollten klar gefasste, selektiv orientierte Innen- und Aussenräume eine Vielfalt an privaten Orten schaffen. In exponierter Lage, unmittelbar an der Strasse inmitten des Quartiers, bildet ein kleiner Vorhof einen überraschend intimen Aussenraum, der den Blick zum Berg lenkt und die von Süden darüber fallenden Sonnenstrahlen einfängt. In die andere Richtung strebt der im Grundriss gestufte Baukörper weit nach vorne, vor die seitlichen Nachbarn. Dort bietet der Hauptwohnraum freien Ausblick und eine grosse Loggia fängt von Westen her die Abendsonne ein. Ein Niveau tiefer liegt das gegenüber den Nachbarbauten abgesenkte, vor Einblicken geschützte Gartengeschoss, ein Niveau darüber thront eine gemütliche Dachterrasse mit Rundumsicht.

PRIVATE HOUSE, NENDELN
Planning and construction: 2010–2013, with Gody Kühnis Architekt

The starting point for the private house was a diamond-shaped plot of land in the midst of a typical neighbourhood of single-family homes. The plot is situated at the foot of the Drei Schwestern mountain, with a fine view towards the Alpstein on the opposite side of the Rhine valley. The plot is located in a field of tension, one side facing the imposing mountain and omnipresent neighbourhood, the other facing the expansive openness of the valley side to the northwest.

While keeping the stipulated distances from the perimeter, the design is based on clearly framed and selectively oriented interior and exterior spaces to achieve a variety of private places. In its exposed position, directly by the street and in the middle of the neighbourhood, a small forecourt provides a surprisingly intimate exterior space that guides one's view towards the mountain and captures the falling sunlight from the south. In the other direction, the volume, which has a stepped floor plan, stretches far forwards, beyond the neighbours on either side. There, the main living room can enjoy an unobstructed view, while a large loggia catches the evening sunlight from the west. One level below, the garden floor is sunken compared to the neighbouring buildings to ensure privacy. The top level is crowned by a cosy rooftop terrace with a panoramic view.

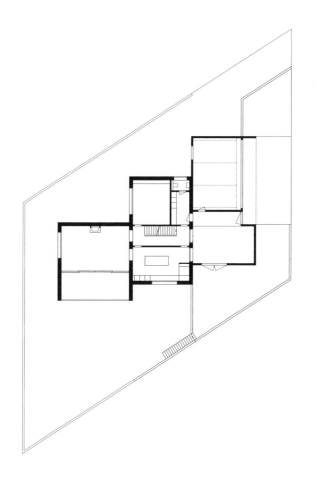

ERWEITERUNG SCHULHAUS DORF, LUTERBACH
Planung und Ausführung 2012–2015

Die Erweiterung ist als eigenständiger Anbau ans bestehende Schulhaus von 1951 konzipiert. Der dreigeschossige Körper wurde südwestlich an die Stirnseite des Bestands gesetzt. Durch den Versatz der Volumen im Grundriss wird der Aussenraum vor dem Schulhaus mit den Pausenbereichen und Zugängen klammerartig gefasst. Gleichzeitig wurde rückseitig, zur Strasse hin, die Stufung des länglichen Baukörpers fortgeführt und dessen Massstäblichkeit dem Wohnquartier angepasst.

Erweiterung und Bestand sind volumetrisch wie auch innenräumlich miteinander verknüpft und bilden eine Einheit. Die Verbindung von Bestand und Erweiterung erfolgte über eine neu angelegte Treppe an der Schnittstelle beider Baukörper. Diese ersetzt die Treppe am früheren Hintereingang und führt von der einbündigen Korridorerschliessung des Bestands nahtlos in die Hallenerschliessung der Erweiterung. Zur besseren Belichtung des Sockelgeschosses ist der Anbau um eine halbe Etage höher gesetzt. Das resultierende *split level* erzeugt kurze Wege zwischen beiden Gebäudehälften. Die Verschränkung der Baukörper und die wechselseitig orientierte Erschliessung eröffnen überraschende Ausblicke in den Aussenraum und Rückbezüge auf die Gebäudevorderseite respektive -rückseite.

DORF SCHOOL EXTENSION, LUTERBACH
Planning and construction: 2012–2015

The extension is conceived as an autonomous addition to the existing school building dating back to 1951. The three-storey volume was placed to the southwest at the head end of the existing building. The volumes' offset placement in the floor plan frames the exterior space in front of the school with its recess area and entrances like a clasp. At the same time, the steps of the elongated volume's rear side towards the street were extended, thereby adapting their scale to the residential neighbourhood.

The extension and the existing building are connected both volumetrically and through their interior spaces to form a unity – a school building with a single address. The existing building and the extension were connected using newly laid stairs at the joint between the two volumes. They replace the stairs of the former rear entrance and lead smoothly from the single-winged access corridor in the existing structure to the extension's hall entrance. To improve the lighting conditions in its base, the extension was raised half a floor. The resulting split level creates short distances between the two sections. The interlocking buildings and the access orientated towards alternating sides result in surprising views of the environment and references back to the front and rear side.

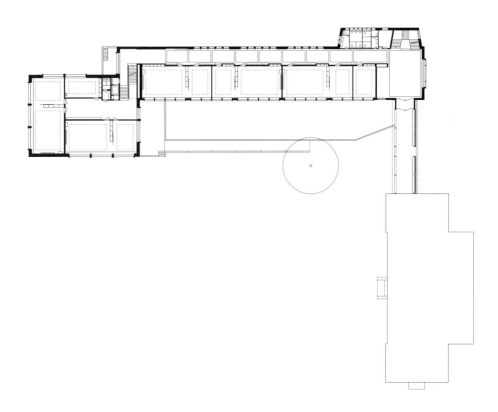

SCHULHAUS SÄNTIS, JONEN
Planung und Ausführung 2014–2017

Die Erweiterung wurde als kompakter Solitär vis-à-vis des alten Schulhauses von 1855 gesetzt. Das Gebäude bildet zusammen mit dem Gemeindehaus aus den 1980er Jahren eine Torsituation und fasst gassenartig den Zugang zum Schulareal. Der dreigeschossige Solitär ergänzt das bestehende Gebäudeensemble um den Hof. Gleichzeitig vermittelt er zum neuen Pausenplatz, welcher durch den Rückbau der Turnhalle geschaffen werden konnte. Hier öffnet sich der Aussenraum Richtung Süden und bildet vor dem neuen Schulhaus eine grosse Terrasse mit schöner Aussicht Richtung Alpen.

Das Gebäude wurde Richtung Norden in die vorgefundene Geländestufe gesetzt. Zur Strasse tritt es als flacher zweigeschossiger Körper in Erscheinung und respektiert die quartiertypische Gebäudehöhe. Zum Hof und zum Platz hin zeigt sich die neue Primarschule als stattliches dreigeschossiges Haus – ein ebenbürtiges Gegenüber zum alten Schulhaus. Im Erdgeschoss, auf selber Ebene wie der neue Pausenplatz sowie zum Hof orientiert, findet sich der Mehrzweckraum. In den darüber liegenden zwei Geschossen sind rotationssymmetrisch die Klassenzimmer und Gruppenräume organisiert. Der Unterricht profitiert von der Ungestörtheit in erhöhter Lage und guter Belichtung.

SÄNTIS SCHOOL, JONEN
Planning and construction: 2014–2017

The extension was placed as a compact, detached building opposite the old school building constructed in 1855. Together with the community hall built in the 1980s, the building forms a gateway situation and frames the entrance to the school grounds almost like an alley. The three-storey detached building adds to the ensemble around the courtyard. Simultaneously, the building also mediates with the new playground, which was created through the removal of the gymnasium. In its place, the exterior space opens towards the south and forms a large terrace with a beautiful view towards the Alps.

The building was placed towards the north on the existing ledge in the terrain. Facing the street, it appears as a low-rise, two-storey volume that respects the typical building heights in the vicinity. By contrast, the new primary school presents itself towards the courtyard and playground as an impressive three-storey building on equal terms with the old school building. The multifunctional space is situated on the ground floor on the same level as the playground and is orientated towards the courtyard. Two floors above, the classrooms and group rooms are located and organised in a rotationally symmetrical order. The school lessons benefit from an undistracted environment in the elevated position and good lighting conditions.

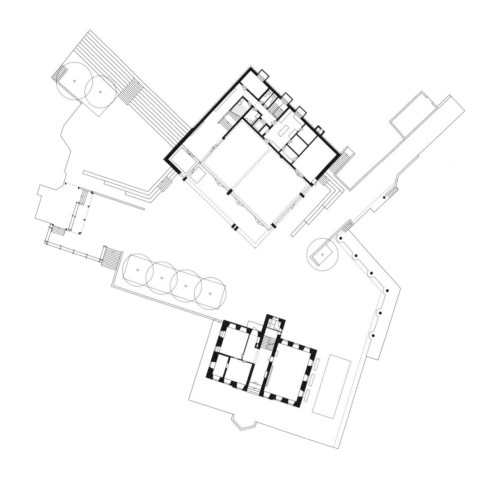

WOHN- UND GEWERBEHÄUSER SALZMAGAZIN, GLARUS

Planung und Ausführung 2014–2020, Arbeitsgemeinschaft mit Futurafrosch

In zeitgemässer Interpretation des Stadtplans von Glarus aus dem Jahr 1861 wurde das Geviert mit Zeilen entlang der in Nord-Süd-Richtung verlaufenden Strassenzüge gefasst. Ein klassisches Eckhaus führt die Zeile in die Tiefe des Grundstücks und zu einem kleinen informellen Platz. Die Baukörper verschränken sich um den gemeinsamen Hof und stärken die planerische Mehrdeutigkeit im Spannungsfeld von Innenstadt und Bahnhofsquartier. Der fliessende Übergang zwischen den frei stehenden Bauten bildet einen halböffentlichen innerstädtischen Zwischenraum und öffnet das Areal über die Diagonale.

Die Bauten folgen in Struktur und Ausdruck der Typologie innerstädtischer Wohnhäuser. Der ortstypischen Körnung und Massstäblichkeit angemessen ist das Ensemble in drei Häuser mit je eigenen Adressen und Erschliessungskernen gegliedert. Die Wohnnutzung im Regel- und Dachgeschoss wird durch eine der Lage angepasste Sockelausbildung ergänzt. Die Grundrisse der Geschosswohnungen zeichnen sich aus durch eine regelmässige Gliederung und gut geschnittene nutzungsneutrale Zimmer, die unterschiedlich bespielt werden können. Erschliessungsflächen sind zugunsten der Wohnfläche auf ein Minimum reduziert. Hallen und zentrale Tagesräume übernehmen die Verteilfunktionen in den Wohnungen.

SALZMAGAZIN RESIDENTIAL AND COMMERCIAL BUILDINGS, GLARUS

Planning and construction: 2014–2020, working group with Futurafrosch

In a contemporary interpretation of the Glarus urban plan from 1861, the area was enclosed with rows along the streets running in a north-south direction. A classic corner building leads the row into the depth of the property, creating a small, informal square. The buildings are offset to create a common courtyard, strengthening the planning ambivalence in the field of tension between the inner city and the station district. The fluent transition between the detached buildings forms a semi-public, inner-urban intermediate space and opens the grounds in a diagonal direction.

The buildings' structure and expression follow the typology of the inner-urban housing. In keeping with the locally typical grain and scale, the buildings are divided into three volumes, each with their own addresses and autonomous access cores. The housing function on the standard and attic floors is supplemented by a base section suited to the location. The floor plans of the single-floor apartments have a regular structure and well-proportioned rooms, which can be utilised flexibly. The entrance areas are reduced to a minimum in order to optimise the living space. Halls and central day rooms assume a distributing role in the apartments.

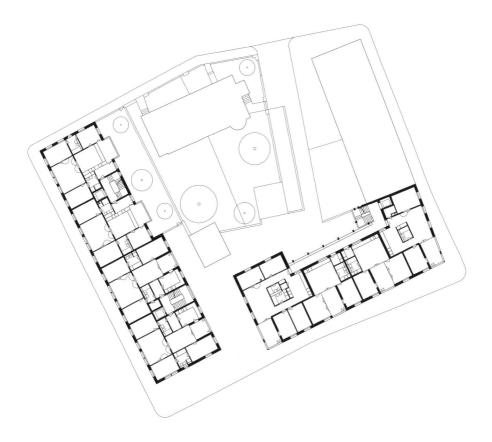

ERWEITERUNG SCHULANLAGE RÖHRLIBERG, CHAM
Planung und Ausführung 2015–2021

Die Schulanlage wurde 1974 vom Zuger Architekten Josef Stöckli realisiert. Als exemplarische Architektur der Nachkriegsmoderne steht das Bauwerk unter Denkmalschutz. Das Grundkonzept der Sanierung und Erweiterung knüpft an die präzise städtebauliche und architektonische Grammatik des Bestands an. Die Gebäudeteile und die Anlage als Ganzes wurden durch sorgfältige Pflege der bestehenden Substanz, gezielte Eingriffe und selbstverständliche Ergänzungen in einen nächsten Lebenszyklus überführt. Die Interventionen stehen im Einklang mit den räumlichen und atmosphärischen Qualitäten des Bestands und stärken so die Identität des Orts.

Die Erweiterung des Schulhauses umfasst zwei sechsgeschossige Anbauten und eine vollständige Aufstockung. Die beiden Anbauten nehmen die Gliederung des bestehenden Baukörpers in zwei Gebäudeflügel auf und führen deren clusterartige Struktur im Grundriss mit je einem neuen Klassenzimmer pro Geschoss fort. Die Aufstockung setzt demgegenüber einen Akzent in der Vertikalen und stärkt die Präsenz des feingliedrigen Baus. Die neue Bibliothek wird als flach gehaltener Aufbau auf dem Garderobentrakt der Turnhalle angeordnet, mit Blick zum Hof. Das Ensemble zeichnet sich durch seine einheitliche Formensprache, eine massive Bauweise und homogene Materialisierung aus.

RÖHRLIBERG SCHOOL EXTENSION, CHAM
Planning and construction: 2015–2021

The school was built in 1974 by the Zug-based architect Josef Stöckli. The building is preservation-listed as an exemplary piece of post-war Modern architecture. The underlying concept for the renovation and extension picks up on the precise urban planning and architectural grammar of the existing building. The building parts and the grounds overall were prepared for the school's next life cycle through careful refurbishment of the existing fabric, targeted interventions and natural additions. The interventions harmonise with the spatial and atmospheric qualities, thereby strengthening the location's identity for the future.

The school extension comprises two six-storey additions and a vertical addition of one full floor. The two extension wings assume the structure of the existing volume and continue the cluster-like structure in the floor plan with one classroom each on every floor. The additional floor adds vertical accentuation and strengthens the presence of the finely structured building. The new library is arranged as a low-rise extension above the changing room wing of the gymnasium, offering a view of the courtyard. The ensemble is characterised by its consistent formal language, solid construction and homogeneous materialisation.

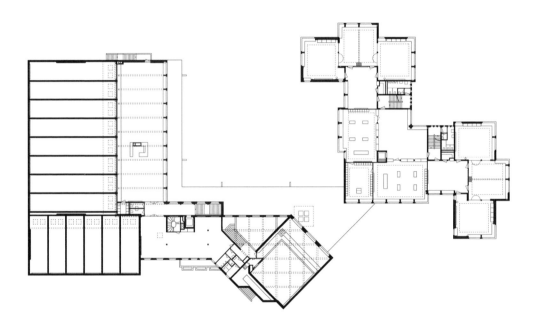

UMBAU FERIENWOHNUNG IM GRUEBI, WENGEN
Planung und Ausführung 2020–2021

Die Überbauung wurde im Jahr 1978 vom Berner Architekten Dieter Barben erstellt. Mitten im Dorf an einem Hang liegend, umfasst die Siedlung, aufgeteilt auf zwei grosse Satteldachhäuser, 27 Ferienwohnungen. Die Massivbauten in Schottenbauweise weisen Mauern aus Kalksandstein und vorfabrizierte Deckenelemente aus Beton auf. Die nach Südwesten orientierte, im Grundriss gestaffelte Balkonschicht und das Dach sind aus dunklem Holz gefertigt und nehmen Bezug auf ortstypische Motive. Die Spannung zwischen der rationalen Schottenstruktur, der grossmassstäblichen Dachform sowie der Einbettung in die Topografie generiert eine verblüffende Vielfalt unterschiedlicher Wohnungen und einen grossen innenräumlichen Reichtum.

Beim Umbau einer exemplarischen Maisonettewohnung wurde der sichtbare Rohbau von ursprünglichen Raumeinteilungen befreit und die räumliche Qualität des tiefen Grundrisses erlebbar gemacht. Drei individuelle Einbaumöbel schaffen durch spiegelnde Oberflächen und Farben einen Bezug zum Aussenraum. Auf kleinstem Raum lösen sie die praktischen Bedürfnisse in einer dicht besetzten Ferienwohnung.

IM GRUEBI HOLIDAY APARTMENT CONVERSION, WENGEN
Planning and construction: 2020–2021

The development was built in 1978 by the Bern-based architect Dieter Barben. Situated on sloping terrain in the village centre, the estate comprises 27 holiday apartments, distributed on two large saddle-roofed buildings. The solid bulkhead construction includes lime sandstone walls and prefabricated concrete ceiling elements. Facing the southwest, the floor plan's staggered balcony layer and the roof are made of dark wood and refer to locally typical motifs. The tension between the rational bulkhead structure, the large-scale roof form and the embedding in the topography generates a remarkable diversity of different apartments and a rich variety of interior spaces.

When converting an exemplary maisonette apartment, the original room partitions were removed from the visible shell structure, highlighting the spatial quality of the deep floor plan. Three individual fitted pieces of furniture use mirrored surfaces and colours to refer to the exterior. Occupying minimal space, they fulfil the practical requirements in a densely occupied holiday apartment.

HAUS KAPELLESTRASSE, HOHENTANNEN
Planung und Ausführung 2018–2021

Zwei Bauherrschaften hatten sich gefunden, um ihren Traum vom eigenen Haus mit grosser Garage gemeinsam zu realisieren. In einem landwirtschaftlich geprägten Weiler stand ein baufälliger Stall mit Scheune zum Abbruch. Trotz eingeschränkter baurechtlicher Möglichkeiten konnte aus ortsbaulicher und denkmalpflegerischer Sicht ein Volumenersatzneubau ermöglicht werden. Innerhalb der gegebenen Dimensionen wurde ein äusserst einfaches Gebäude realisiert, das dem engen finanziellen Rahmen Rechnung trägt.

Der Grundriss unter einem schlichten Satteldach wurde in vier gleich grosse Abschnitte geteilt. An den beiden Enden, hinter den Giebelfassaden, wurde je eine drei Geschosse übergreifende Wohneinheit realisiert. Die beiden mittleren Einheiten wurden als Einstellhallen für kleine und grosse Fahrzeuge leer gelassen. Deren unerwartete Dimensionen erinnern an die ursprüngliche Scheune. Der Holzbau folgt unprätentiös den Prinzipien der Ökonomie.

Unter dem grossen Dach ist eine Struktur entstanden, welche sich individuell ausbauen lässt. Das Haus steht am Anfang einer neuen Geschichte, im Zuge derer hoffentlich über Generationen unterschiedliche Lebens-, Wohn- und Arbeitsformen verwirklicht werden.

KAPELLESTRASSE HOUSE, HOHENTANNEN
Planning and construction: 2018–2021

Two clients came together in order to fulfil their dream of building their home with a large garage. In a hamlet characterised by agriculture, a dilapidated stable with a barn was ready for demolition. Despite building-law limitations, the volumes could be replaced by a new building that took the local architecture and heritage-preservation considerations into account. Within the given dimensions, an extremely simple building was constructed, reflecting the modest budget.

The floor plan beneath a simple gable roof was divided into four equal-sized sections. One three-storey housing unit was built at each end behind the gable façades. The two central units remained free for parking spaces for large and small vehicles. Their unexpected dimensions recall the original barn. The wooden structure unpretentiously follows the principles of economics.

Beneath the large roof, a structure has been created that can be extended as required. The house stands at the beginning of a new chapter, during which different lifestyles, forms of living and working will hopefully be implemented for generations to come.

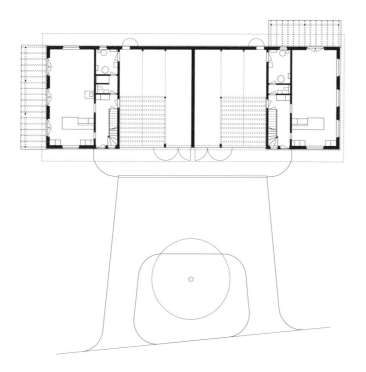

WERKVERZEICHNIS
Auswahl Bauten und Wettbewerbe

2011	Wettbewerb Langsamverkehrbrücke Emme, Burgdorf (mit Schnetzer Puskas Ingenieure; 2. Rang)
2012	Wettbewerb Schulanlage Hagen, Illnau (4. Rang)
2013	Privathaus, Nendeln (mit Gody Kühnis Architekt) Wettbewerb Wohnüberbauung Labitzke-Areal, Zürich (Arbeitsgemeinschaft mit Futurafrosch; 2. Rang)
2015	Erweiterung Schulhaus Dorf, Luterbach (Wettbewerb 2011, 1. Rang) Wettbewerb Schulhaus und Turnhalle, Muhen (5. Rang)
2016	Wettbewerb Primarschulhaus, Rothenthurm (4. Rang)
2017	Schulhaus Säntis, Jonen (Wettbewerb 2013, 1. Rang) Wettbewerb Sporthallen BZT, Frauenfeld (4. Rang) Wettbewerb Primarschule Neugasse, Bazenheid (5. Rang)
2018	Wettbewerb Schulhaus, Grossaffoltern (4. Rang) Wettbewerb Genossenschaftswohnungsbau Koch-Areal, Baufeld C, Zürich (Arbeitsgemeinschaft mit Futurafrosch; 3. Rang)
2019	Wettbewerb Wohn- und Gewerbegebäude Eichwald, Luzern (Arbeitsgemeinschaft mit Futurafrosch; 3. Rang) Wettbewerb Betreuungshaus Rüterwis, Zollikerberg (3. Rang)
2020	Wohn- und Gewerbehäuser Salzmagazin, Glarus (Arbeitsgemeinschaft mit Futurafrosch; Wettbewerb 2014, 1. Rang) Umbau Wohnung Berninastrasse, Zürich
2021	Erweiterung Schulanlage Röhrliberg, Cham (Wettbewerb 2014, 1. Rang) Umbau Ferienwohnung Im Gruebi, Wengen Haus Kapellestrasse, Hohentannen Wettbewerb Schulhaus Blumenau, Eschlikon (2. Rang) Wettbewerb Schulraumentwicklung, Bürglen (3. Rang)
2022	Umbau Haus Käferholzstrasse, Zürich Wettbewerb Erweiterung Schulhaus Steinacker, Winterthur (2. Rang) Wettbewerb Erweiterung Schulanlage Eggen, Meisterschwanden (1. Rang) Wettbewerb Erweiterung Schulareal Wees, Au (2. Rang)
2023	Wettbewerb Erweiterung Schulanlage Riedhof, Zürich Höngg (2. Rang)

LIST OF WORKS
Selection of buildings and competitions

2011	Competition, Emme slow-traffic bridge, Burgdorf (with Schnetzer Puskas Ingenieure; 2nd Place)
2012	Competition, Hagen School, Illnau (4th Place)
2013	Private house, Nendeln (with Gody Kühnis Architekt)
	Competition, Labitzke Areal housing development, Zurich (working group with Futurafrosch; 2nd Place)
2015	Dorf school extension, Luterbach (competition in 2011, 1st Place)
	Competition, school and sports hall, Muhen (5th Place)
2016	Competition, primary school, Rothenthurm (4th Place)
2017	Säntis School, Jonen (competition in 2013, 1st Place)
	Competition, BZT sports halls, Frauenfeld (4th Place)
	Competition, Neugasse Primary School, Bazenheid (5th Place)
2018	Competition, school, Grossaffoltern (4th Place)
	Competition, Koch Areal cooperative housing, Building Site C, Zurich (working group with Futurafrosch; 3rd Place)
2019	Competition Eichwald residential and commercial development, Lucerne (working group with Futurafrosch; 3rd Place)
	Competition, Rüterwis care home, Zollikerberg (3rd Place)
2020	Salzmagazin residential and commercial buildings, Glarus (working group with Futurafrosch; competition in 2014, 1st Place)
	Conversion, apartment in Berninastrasse, Zurich
2021	Röhrliberg School extension, Cham (competition in 2014, 1st Place)
	Conversion, Im Gruebi holiday apartment, Wengen Kapellestrasse House, Hohentannen
	Competition, Blumenau School, Eschlikon (2nd Place)
	Competition, school grounds development, Bürglen (3rd Place)
2022	Conversion, house in Käferholzstrasse, Zurich
	Competition, Steinacker School extension, Winterthur (2nd Place)
	Competition, Eggen School extension, Meisterschwanden (1st Place)
	Competition, Wees School grounds extension, Au (2nd Place)
2023	Competition, Riedhof School extension, Zurich Höngg (2nd Place)

MARCEL BAUMGARTNER

1975	Geboren in St. Gallen
1995–2001	Architekturstudium an der ETH Zürich
1997–1998	Praktikum bei Barkow Leibinger, Berlin
1998	Praktikum bei Stan Allen Architect, New York
1999–2000	Stipendium an der Graduate School of Design, Harvard University, Cambridge
2001–2003	Mitarbeit bei Bearth & Deplazes Architekten, Chur
2003–2011	Assistent und Oberassistent bei Prof. Andrea Deplazes, Departement Architektur, ETH Zürich
2003–2009	Projektleiter Neue Monte-Rosa-Hütte SAC
2010–	Eigenes Architekturbüro in Zürich
2020–	Zusammenarbeit mit Claudia Loewe
2022–	Gemeinsames Architekturbüro mit Claudia Loewe

CLAUDIA LOEWE

1979	Geboren in Zürich
1999–2005	Architekturstudium an der ETH Zürich
2001–2002	Praktikum bei Bearth & Deplazes Architekten, Chur
2002	Praktikum bei Conradin Clavout, Chur
2003–2004	Stipendium an der Graduate School of Design, Harvard University, Cambridge
2005–2007	Mitarbeit bei Miller & Maranta, Basel
2007–2011	Mitarbeit bei Penzel Architektur, Zürich
2011–2020	Projektentwicklung Amt für Hochbauten der Stadt Zürich
2020–	Zusammenarbeit mit Marcel Baumgartner
2022–	Gemeinsames Architekturbüro mit Marcel Baumgartner

MITARBEITENDE

2010–	Lisa-Marie Altrichter, Matthias Burkhalter, Flavia Ehrbar, Cristina Fusco, Paul Grieguszies, Celia Hofmann, Matthias Inderschmitten, Sandra Lentes, Lukas Mersch, Félicie Morard, Mário Pessa, Daria Rey, Philip Shelley, Rahel Stäheli, Kathrin Wünsch

BIBLIOGRAFIE

2007	«Projektwettbewerb Erweiterung Kunstmuseum Bern», in: *werk, bauen + wohnen*, Nr. 3, S. 53
2012	«Steg über den Linthkanal», in: *TEC21*, Nr. 37, S. 6–9
2014	«Labitzke-Areal, Zürich», in: *hochparterre.wettbewerbe*, Nr. 1, S. 84–93
	«Sanierung und Erweiterung Schulanlage Röhrliberg, Cham», in: *hochparterre.wettbewerbe*, Nr. 5, S. 78, 80–81
	«Atelierbesuch in einer selbstverständlichen Welt», in: *hochparterre.wettbewerbe*, Nr. 5, S. 79
2017	«Kunstmuseum Bern», in: *Grundrissfibel Museumsbauten*, Zürich, S. 104–105

MARCEL BAUMGARTNER

1975	Born in St. Gallen
1995–2001	Studied Architecture at the ETH Zurich
1997–1998	Internship at Barkow Leibinger, Berlin
1998	Internship at Stan Allen Architect, New York
1999–2000	Scholarship, Graduate School of Design, Harvard University, Cambridge
2001–2003	Employed at Bearth & Deplazes Architekten, Chur
2003–2011	Assistant and Senior Assistant to Prof. Andrea Deplazes, Department of Architecture, ETH Zurich
2003–2009	Project Manager, New Monte Rosa Hut, SAC
2010–	Founded own architectural office in Zurich
2020–	Collaboration with Claudia Loewe
2022–	Joint architectural office with Claudia Loewe

CLAUDIA LOEWE

1979	Born in Zurich
1999–2005	Studied Architecture at the ETH Zurich
2001–2002	Internship at Bearth & Deplazes Architekten, Chur
2002	Internship at Conradin Clavout, Chur
2003–2004	Scholarship, Graduate School of Design, Harvard University, Cambridge
2005–2007	Employed at Miller & Maranta, Basel
2007–2011	Employed at Penzel Architektur, Zurich
2011–2020	Project development, Building Department, City of Zurich
2020–	Collaboration with Marcel Baumgartner
2022–	Joint architectural office with Marcel Baumgartner

TEAM

2010–	Lisa-Marie Altrichter, Matthias Burkhalter, Flavia Ehrbar, Cristina Fusco, Paul Grieguszies, Celia Hofmann, Matthias Inderschmitten, Sandra Lentes, Lukas Mersch, Félicie Morard, Mário Pessa, Daria Rey, Philip Shelley, Rahel Stäheli, Kathrin Wünsch

BIBLIOGRAPHY

2007	"Projektwettbewerb Erweiterung Kunstmuseum Bern". In: *werk, bauen + wohnen*, No. 3, p. 53
2012	"Steg über den Linthkanal". In: *TEC21*, No. 37, p. 6–9
2014	"Labitzke-Areal, Zürich". In: *hochparterre. wettbewerbe*, No. 1, p. 84–93
	"Sanierung und Erweiterung Schulanlage Röhrliberg, Cham". In: *hochparterre.wettbewerbe*, No. 5, p. 78, 80–81
	"Atelierbesuch in einer selbstverständlichen Welt". In: *hochparterre.wettbewerbe*, No. 5, p. 79
2017	"Kunstmuseum Bern". In: *Grundrissfibel Museumsbauten*, Zurich, p. 104–105

2019	«Neubauten und Quartierpark Koch-Areal, Zürich», in: *hochparterre.wettbewerbe*, Nr. 3, S. 10–11, 26–27
	«Schulanlage Röhrliberg», in: Bauforum Zug / Zuger Heimatschutz (Hrsg.), *bewahrt erneuert umgebaut. Blick auf die Nachkriegsarchitektur im Kanton Zug*, Zürich, S. 96–103
2021	«Drei Geschwister» [Wohn- und Gewerbehäuser Salzmagazin, Glarus], in: *Hochparterre*, Nr. 1, S. 64
	«Originaler Ausdruck statt persönlicher Stempel» [Erweiterung Schulanlage Röhrliberg, Cham], in: *KARTON – Architektur im Alltag der Zentralschweiz*, Nr. 51, S. 8–10
	«Natürlich gewachsen» [Erweiterung Schulanlage Röhrliberg, Cham], in: Hochparterre, Nr. 10, S. 52
	«Weiterbauen» [Erweiterung Schulanlage Röhrliberg, Cham], in: *TUGIUM*, Zug, S. 26–27
	«Lernen und adaptieren» [Erweiterung Schulanlage Röhrliberg, Cham], in: *Hochparterre*, Nr. 12, S. 34
2022	«Backsteinbau mit Klasse» [Erweiterung Schulanlage Röhrliberg, Cham], in: *Denkmal Journal*, Nr. 1, S. 6–14
	«Schulraumentwicklung Bürglen (TG)», in: *hochparterre. wettbewerbe*, Nr. 2, S. 50–51
	«Erweiterter Lernraum» [Erweiterung Schulanlage Röhrliberg, Cham], in: *DBZ – Deutsche BauZeitschrift*, Nr. 4, S. 52–55
	«Unsichtbare Architektur» [Erweiterung Schulanlage Röhrliberg, Cham], in: *werk, bauen + wohnen*, Nr. 3, S. 57–61
2023	«Röhrliberg», in: *AIT*, Nr. 5, S. 114–117

PUBLIKATIONEN

2008	«Die Konstruktion der Fassade», in: Andrea Deplazes (Hrsg.), *Architektur Konstruieren*, Basel/Boston/ Berlin, S. 195–203
2010	«Architektur» und «ETH-Studio Monte Rosa», in: ETH Zürich (Hrsg.), *Neue Monte-Rosa-Hütte SAC. Ein autarkes Bauwerk im hochalpinen Raum*, Zürich, S. 101–115 und 115–118
2013	«Zwei Capricci: Eine Holz- und eine Seilbrücke», in: Aita Flury (Hrsg.), *Schnetzer Puskas Ingenieure. Entwurf Struktur Erfahrungen*, Zürich, S. 276–278
2017	«Mein Lieblingshaus, Versammelte Erinnerungen», in: *hochparterre.wettbewerbe*, Nr. 1, S. 95
2019	«Mehr Mut, Dinge altern zu lassen», in: Bauforum Zug / Zuger Heimatschutz (Hrsg.), *bewahrt erneuert umgebaut. Blick auf die Nachkriegsarchitektur im Kanton Zug*, Zürich, S. 152–156

MARCEL BÄCHTIGER (TEXTBEITRAG)

Dr. Marcel Bächtiger ist Architekturhistoriker, Filmemacher und Redaktor der Architekturzeitschrift *Hochparterre*. Er arbeitet und schreibt an der Schnittstelle von Film und Architektur und ist Dozent an der ETH Zürich, der Hochschule Luzern sowie der Internationalen Filmschule Köln.

2019	"Neubauten und Quartierpark Koch-Areal, Zürich". In: *hochparterre.wettbewerbe*, No. 3, p. 10–11, 26–27
	"Schulanlage Röhrliberg". In: Bauforum Zug und Zuger Heimatschutz (Ed.): *bewahrt erneuert umgebaut. Blick auf die Nachkriegsarchitektur im Kanton Zug*, Zurich, p. 96–103
2021	"Drei Geschwister" [Salzmagazin residential and commercial buildings, Glarus]. In: *Hochparterre*, No. 1, p. 64
	"Originaler Ausdruck statt persönlicher Stempel" [Röhrliberg School extension, Cham]. In: *KARTON – Architektur im Alltag der Zentralschweiz*, No. 51, p. 8–10
	"Natürlich gewachsen". In: *Hochparterre*, No. 10, p. 52
	"Weiterbauen" [Röhrliberg School extension, Cham]. In: *TUGIUM*, Zug, p. 26–27
	"Lernen und adaptieren". In: *Hochparterre*, No. 12, p. 34
2022	"Backsteinbau mit Klasse" [Röhrliberg School extension, Cham]. In: *Denkmal Journal*, No. 1, p. 6–14
	"Schulraumentwicklung Bürglen (TG)". In: *hochparterre.wettbewerbe*, No. 2, p. 50–51
	"Erweiterter Lernraum" [Röhrliberg School extension, Cham]. In: *DBZ – Deutsche BauZeitschrift*, No. 4, p. 52–55
	"Unsichtbare Architektur" [Röhrliberg School extension, Cham]. In: *werk, bauen + wohnen*, No. 3, p. 57–61
2023	"Röhrliberg". In: *AIT*, No. 5, p. 114–117

PUBLICATIONS

2008	"Die Konstruktion der Fassade". In: Andrea Deplazes (Ed.): *Architektur Konstruieren*, Basel/ Boston/Berlin, p. 195–203
2010	"Architektur" and "ETH-Studio Monte Rosa". In: ETH Zurich (Ed.): *Neue Monte-Rosa-Hütte SAC. Ein autarkes Bauwerk im hochalpinen Raum*, Zurich, p. 101–115, 115–118
2013	"Zwei Capricci: Eine Holz- und eine Seilbrücke". In: Aita Flury (Ed.): *Schnetzer Puskas Ingenieure. Entwurf Struktur Erfahrungen*, Zurich, p. 276–278
2017	"Mein Lieblingshaus, Versammelte Erinnerungen". In: *hochparterre.wettbewerbe*, No. 1, p. 95
2019	"Mehr Mut, Dinge altern zu lassen". In: Bauforum Zug und Zuger Heimatschutz (Ed.): *bewahrt erneuert umgebaut. Blick auf die Nachkriegsarchitektur im Kanton Zug*, Zurich, p. 152–156

MARCEL BÄCHTIGER (ARTICLE)

Dr. Marcel Bächtiger is an architectural historian, filmmaker and editor at the architectural magazine *Hochparterre*. He works and writes in the fields of film and architecture and is a lecturer at the ETH Zurich, the Lucerne University of Applied Sciences and Arts, and the Internationale Filmschule Köln.

Finanzielle und ideelle Unterstützung

Ein besonderer Dank gilt den Institutionen und Sponsorfirmen, deren finanzielle Unterstützungen wesentlich zum Entstehen dieser Buchreihe beitragen. Ihr kulturelles Engagement ermöglicht ein fruchtbares und freundschaftliches Zusammenwirken von Baukultur und Bauwirtschaft.

Financial and conceptual support

Special thanks to our sponsors and institutions whose financial support has helped us so much with the production of this series of books. Their cultural commitment is a valuable contribution to fruitful and cordial collaboration between the culture and economics of architecture.

Unterstützt vom
Kanton Zug

Einwohnergemeinde
Cham

ERNST GÖHNER STIFTUNG

Gesund Wohnen ohne künstlichen Dämmstoff

Bricosol AG, Zürich

Embru-Werke AG, Rüti ZH

FLOORING SYSTEMS

Forbo-Giubiasco SA, Giubiasco

KÄSTLISTOREN

Kästli & Co. AG, Belp

Mit System am Bau

Keller Systeme AG, Pfungen

SWISSPEARL

Swisspearl Schweiz AG, Niederurnen

Baumgartner Loewe
50. Band der Reihe *Anthologie*
Herausgegeben von: Heinz Wirz, Luzern
Konzept: Heinz Wirz; Baumgartner Loewe Architekten, Zürich
Projektleitung: Quart Verlag, Linus Wirz
Textbeitrag: Marcel Bächtiger, Zürich
Objekttexte: Baumgartner Loewe Architekten
Textlektorat deutsch: Miriam Seifert-Waibel, Hamburg
Übersetzung deutsch – englisch: Benjamin Liebelt, Berlin
Fotos: Barbara Bühler, Basel, S. 10–19; Roland Bernath, Zürich, S. 22–59;
Baumgartner Loewe Architekten, S. 62
Redesign: BKVK, Basel – Beat Keusch, Angelina Köpplin-Stützle
Grafische Umsetzung: Quart Verlag Luzern
Lithos: Printeria, Luzern
Druck: DZA Druckerei zu Altenburg GmbH

Der Quart Verlag wird vom Bundesamt für Kultur für die Jahre 2021–2024
unterstützt.

Baumgartner Loewe
Volume 50 of the series *Anthologie*
Edited by: Heinz Wirz, Lucerne
Concept: Heinz Wirz; Baumgartner Loewe Architekten, Zurich
Project management: Quart Verlag, Linus Wirz
Article by: Marcel Bächtiger, Zurich
Project descriptions: Baumgartner Loewe Architekten
German text editing: Miriam Seifert-Waibel, Hamburg
German – English translation: Benjamin Liebelt, Berlin
Photos: Barbara Bühler, Basel, p. 10–19; Roland Bernath, Zurich, p. 22–59;
Baumgartner Loewe Architekten, p. 62
Redesign: BKVK, Basel – Beat Keusch, Angelina Köpplin-Stützle
Graphic design: Quart Verlag Luzern
Lithos: Printeria, Lucerne
Printing: DZA Druckerei zu Altenburg GmbH

Quart Publishers is being supported by the Federal Office of Culture for
the years 2021–2024.

Quart Verlag GmbH
Denkmalstrasse 2, CH-6006 Luzern
books@quart.ch, www.quart.ch